동행

심지시선 022

동행

2013년 11월 29일 초판 1쇄 발행

지은이 전해윤
펴낸이 윤영진
편 집 함순례
디자인 한천규 이경훈
펴낸곳 도서출판 심지
등록 제 253호
주소 300-812 대전광역시 동구 삼성동 125-2 4층
전화 042 635 9942
팩스 042 635 9941
전자우편 simji42@hanmail.net

ISBN 978-89-6627-049-1 03810

* 저자와의 협의에 의해 인지를 생략합니다

심지시선 022

동행

전해윤 시집

심지

□ 시인의 말

시도 내 인생도 어설프다. 처음이라는 이유로 민망함을 덜어 보려하지만 어설프기는 마찬가지다. 내 생각의 끈이 짧고 손끝마저 워낙 무디다 보니 내 부모와 형제들의 삶, 저 밑바닥에 가라앉은 말간 고통과 절망을 제대로 길어올리지 못해 안타까울 뿐이다.

아파도 아프다, 말하지 못하는 사소한 것들에게 여리나 따뜻한 위로를 드리고 싶다. 아름다우나 안타까운 이 세상을 위하여 내 무딘 펜촉을 곧추세우겠다. 내 시력詩力에 굳은살이 박이도록 분투하겠다. 그것이 내 자신의 삶을 위로하는 유일한 방법이기도 하니까.

이제 가냘픈 돛 하나 올리고 기나긴 여행을 떠난다.

아프게 살다 가신 내 부모와 형제들에게 이 어설픈 시집을 바친다.

2013년 늦은 가을

전해윤

차례

제2부

제3부

제4부

제1부

목포의 눈물

고시에 떨어지고
첫사랑마저 빈손으로 보낸 후
내일은 육군 졸병으로 입대하는 날

멀리
삼학도의 해무海霧 속으로
여객선 하나 신기루처럼 돌아가는데

개나리 정갈한 유달산, 맨발로
오르며
오르며

목포의 눈물

침쟁이 아저씨

한 팔로 자동차를 끌었던 차력사
스물여덟에 앉은뱅이 된 후
자신만은 한 번도 일으켜 세우지 못했다

칠순이 다 돼가는 침쟁이 아저씨
수십 년을 앉아서 침만 갈았다
그 세월 침 끝에 빛난다
자신의 운명마저 날씬해졌다

피곤한 정수리에 꽂는다
가난한 가슴에 꽂는다
탕아의 단전에 꽂는다
무너진 팔다리에 꽂는다
사연마다 한가운데 제대로 찌른다

그의 손을 떠난 침들이
과녁을 향하는 화살처럼 꿈틀거린다
앉아서 살아온 힘만으로

쓰러진 자들을 일으켜 세운다

자신의 삶에도 날카롭게
한 방 놓는다
쓰러진 운명을 침 하나로
반듯하게 세우며 간다

어차피 동행

성당 주일미사에
할머니 할아버지를 모셔오고 모셔다 드린다

칠 팔순이 되신 할머니 할아버지
오늘 성당에 나오지 못한 교우들 얘기로
차 안이 소란하다

잘 나가는 자식들 자랑하던 안나 할머니
발도 시원하게 뻗지 못하는 임대아파트 어두운 방에서
한 발 먼저 길을 떠났다는데
교우들이 상주 노릇했다 한다

삼일 아파트 앞에서 성당차를 반기던
유난히 점잖던 요셉 할아버지
이제는 스스로 끼니를 챙기지 못해
엊그제 딸네 집으로 갔다 한다

가을이면 배 몇 개를 검은 비닐봉지에 싸서

운전석으로 몰래 건네주던 마리아 할머니
중환자실에서 인공호흡기 달고 있다 한다

다들 갈 데로 갔다고 입을 모은다

조금 먼저 길을 나선 안나 할머니도
딸네 집 거쳐 올 요셉 할아버지도
중환자실 잠시 들른 마리아 할머니도
머지않아 다시 만날 거라며
우리는 어차피 동행이라고

이른 봄날
성당으로 가는 차 안이
안개로 자욱하다

환절기

어느 곳보다도 먼저 겨울이 넘실대는 아파트 놀이터에
할아버지들과 어린 손자가 들꽃처럼 피어 있다

“요 아래 동에 사는 천 씨가 엊그제 아주 갔다네. 얼마 전만해도 정정하드만, 환절기라 그런가.”

“할아버지, 환절기가 뭐야?”

“음, 환절기는 단풍이 곱던 가을이 지나가고 흰 눈이 펄펄 내리는 겨울이 오는 거지.”

“겨울이 가고 꽃 피는 봄이 되는 것도 환절기야?”

“그렇지. 누구 손자가 이리 똑똑헌 겨? 환절기에는 세상의 많은 것들이 변하는 거여.”

“그럼, 아저씨가 변해서 할아버지가 되는 것도 환절기야?”

“뭐? 허참, 그게 또 그렇게 되나.”

“그러면, 할아버지가 더 늙어서 돌아가시는 것도 환절기겠네?”

“그런데, 이놈이!”

그렇구나. 일생에 딱 한번 찾아오는 환절기, 누구도 피할 수 없는

시방 저그가 어디여?

외아들 내외는 진작에 바다 건너가고
작년에 할머니마저 하늘나라로 보낸 정씨 할아버지
대낮부터 마을회관을 지킨다

온종일 붕붕거리는 케이블 TV에서는
손자 손녀 또래의 아이들이 반은 벗은 채로
얄궂은 짓들만 하는데, 갑자기

서울 도심에서 가깝고 푸른 호수와 넓은 공원이 있는 아파트에 산다는 젊디젊은 처자가 나오고, 그러다가

사업하다 망한 듯한 아저씨가 컴퓨터 자판을 탁, 치자마자 개 혓바닥 같은 돈다발이 툭, 하고 발밑에 떨어지고, 그러다 또 갑자기

나이가 많아도 병든 적이 있어도 주저 없이 다 받아주겠다는 중후한 남자의 다정한 얘기를 다 듣고 나더니 정씨 할아버지 자리를 고쳐 앉으며

"시방 저그가 어디여?"

라파엘의 집

경기도 여주군 북내면 중암리 산 48—8에
빛이 원망스런 아이들이 들풀처럼 자라고 있었다

샘이 유독 많은 열 살 세훈이
얼굴이 해맑고 똑똑해 보이는 시몬
하루 종일 제 손톱만 물어뜯는 민석이
시도 때도 없이 뽀뽀해 달라는 재욱이,
그들에게 내린 운명의 세례는 찬란한 어둠인가

그들 몫의 빛은 어디로 갔을까
하느님은 그들에게 빛 대신 무엇을 주신 걸까
대체 어디까지가 축복일까

그들과 함께 있는 동안
내 안과 밖의 모든 빛들도
사라지는 것만 같았다,
반드시 사라져야만 할 것 같았다

모든 빛이 사라진 듯한 그 산자락에
또 다른 라파엘들이 자신을 태워
어둠을 사르고 있었다

아이들이 잃어버린 빛들이
거기 그렇게 살아 있었다

* 라파엘 : 성경에 나오는 대천사 중의 하나. '하느님이 낫게 하였다' 는 뜻을 갖는 말로 '치유의 천사', '장애인의 수호천사' 로 알려져 있다.

무명 순교 성지

당진군 합덕읍 대전리
청양군 화성면 다락골
천안시 입장면 성거산 성지,
하나를 위해 모두를 버린 곳
마지막 남은 이름마저 바람결에 찢겨
갈색 영혼만이 석양에 십자가로 솟았다

경남 김해 낙동강 13공구
경북 구미 낙동강 28공구
충남 청양 금강 6공구
경기 여주 한강 6공구,
4대강 공사장, 집단 순교 성지
검정말, 물수세미, 창포, 갈대
다슬기, 모래무지, 버들치, 피라미
박0섭, 윤0삼, 김0태, 김0국
그 이름 더 이상 부를 수 없어, 무명 순교자
그 원혼들만 물막이 되어 솟아올랐다

오늘 저녁 식탁 위에
온몸의 껍질 벗겨진 쌀과 보리
속까지 뒤집혀 피 토해낸 고추들
나란히 교수형 당한 조기들
나를 위해 목숨 내놓았으니, 순교자
그들의 이름 모르니, 무명 순교자

내 식탁은
무명 순교 성지

유 카 서비스의 주인장

자동차의 타이어가 많이 닳아서 겨울이 오기 전에 서비스를 받으려고 평소에 잘 아는 유 카 서비스를 찾아갔는데 그렇잖아도 시커먼 얼굴에 강단진 팔뚝이 언뜻 보면 동남아에서 온 듯한 주인장이 온몸으로 유리문을 밀치며 밖으로 나오는데 양 겨드랑이 밑으로 알루미늄 협장이 번쩍거렸다 밤낮없이 자동차의 발들을 보살펴주다가 그만 자기 발의 연골이 다 닳았다나 유 카 서비스 주인장의 다리, 지금 서비스 받는 중

중년

된서리 하얗게 내린 비탈길에 서서
오래전에 깨어진 꿈의 파편들을 모아
다시 꿰맞춰 보려다가
매번 헛손질만 하는

첫사랑

첫사랑은 물지게를 지는 일이었다
지게는 쉼 없이 흔들렸고 그때마다 물은 흘러 넘쳤다
물통과 내 발걸음은 늘 엇박자였으니까

첫사랑은 내 안에
거부하는 몸짓으로 서 있다
이스터 섬의 거석상처럼
내 삶의 지평선을 바라보고 있다

기억의 동굴 속에서
내 삶의 어둠을 살라 먹으며
말간 석순으로 자라고 있다
종유석으로 매달려 있다

가끔은 희미하게 현상이 되곤 하지만
빛이 없어 칼라로 인화되지는 못한다

세월이 더 흐르면 첫사랑도

치매 걸리는 날이 오겠지

사랑마저 모르는 날이 오겠지

번지점프

지금껏 세상을
잔걸음으로만 살아와서
언젠가 큰 걸음 한번 내딛고 싶었다

비 그친 오후
인제군 내린천 점프대로 가는 길
얄궂은 운명으로 단두대에 오르는 듯

잘리지 못한 탯줄처럼
몸에 달랑거리는 로프를
내 하느님이라 믿고서
저승으로 내딛는 한 걸음

흔들리는 산하
부서져 내리는 하늘
두려움보다 앞서는 막막함,
63m의 점프대에서 폐품처럼
몸뚱아리를 내던졌다

세상은 암전暗轉

추락하는 것은 한없이 가벼웠다

한참 후, 다시
로프의 끝에서 느껴지는
삶의 무게

나그네라서 좋다

이 길 저 길 다 갈 수 있는
나그네라서 좋다

걸어서도 가고
버스로도 가고
열차로도 갈 수 있는
속 편한 나그네라서 좋다

아침에도 걷고
눈이 와도 걷고
바람 불어도 걷을 수 있는
전천후 나그네라서 좋다

강원도 영월 동강에서 뗏목을 타고
충청도 병천에서 순댓국 한 그릇 뚝딱하고
전라도 땅끝 마을에서 막걸리 한 사발 하고
경주 남산에서 천 년 신라도 만나는
오지랖 넓은 나그네라서 좋다

이승의 골목골목 다 구경하고 나면
새로운 세상 찾아 떠날 수 있는
희망의 나그네라서 좋다

원하지 않아도 가야만 하는
진정한 나그네라서 참 좋다

보호자가 필요해

예전에는
어린아이가 유치원에 갈 때나
철없는 청소년이 지구대에 끌려갔을 때만
보호자가 필요한 줄 알았다

초임교사 시절 어느 가을
집으로 돌아가던 아이가 학교 앞 도로에서 자동차에 치받쳤다
머리가 터져 피가 흐르는 아이를 가까운 병원으로 옮겼는데
당직 근무하던 직원이 아이는 쳐다보지도 않고
보호자를 찾았다

그 사이 아이가 토하자
위험하니 도회지 큰 병원으로 가라 한다
앰뷸런스라도 내달라 했더니 없단다
앰뷸런스는 병원 차고에 유령처럼 서 있는데,
다시 보호자만 찾았다

그때야 알았다
의사에게도 병원에게도 보호자가 필요하구나
인륜도 삼강오륜도 아니고
부처님이나 예수님은 더욱 아니고
어둠의 자식을 낳은 우리네 부모님은 더 더욱 아닐 테고

오늘도 앰뷸런스들은 두 눈 번득이며
그들만의 보호자를 찾아
거리를 배회하고 있는데

중증重症인 이 사회
입원시킬 곳은 어디인가
그의 보호자는 누구인가

카타콤베

빛을 찾아
어둠의 계단을 내려간 후
죽어서 되살아난 사람들

900km 통로를 따라 벽마다
아마천에 싸였던 시신들
스스로 빛이 되어
꼿꼿하게 살아 있는데

제 카타콤베에 들어가서도
제대로 죽지 못하고 살아서 나온 우리
또 다른 카타콤베로 들어간다

가난의 카타콤베
이념의 카타콤베
애증의 카타콤베……

우리는 지금

어느 카타콤베 어디쯤
가고 있는 걸까

이번에는 살뜰히 죽어서
오롯이 되살아날 수 있을까,
우리네 카타콤베에서

* 카타콤베(catacombe) : 초기 가독교인들이 박해를 피해 숨어들어 생활하다가 죽어서 묻힌 지하 묘지. 로마 근교에 40여 개가 있고 그 총 길이가 약 900km에 이른다고 함.

베드로의 자식들

고향에서 천재라는 소문이 쨍했다던 베드로 형제 자그만 체구에 학교 선생이 되어 후학들 착실히 가르치고 성당에도 개근할 정도였는데 어쩌다 소주라도 몇 잔해서 얼큰해지면 공부 잘해서 특목고에 갔다는 두 자식들 자랑에 침이 마르곤 했는데 얼마 전부터 한 자리에서 금방 한 얘기 또 하고 가끔은 뜬금없는 소리 해대더니 언제부턴가 성당에서도 볼 수가 없었다.

요즘 TV나 신문에 나오는 뉴스보다도 더 믿기지 않는 얘기가 들리는데 베드로가 정신 줄을 놓고 집을 나가 싸다니다가 행방불명이 됐다 한다 더 신기한 것은 그 기막히게 똑똑한 자식들이 이런저런 이유로 제 아비를 찾지 않기로 했다는데, 그 일에 베드로의 마누라까지 합세했다나

제2부

비목

어머니,
당신의 무덤 앞에 오늘도
달빛처럼 서 있는 저는

당신이 평생토록 피땀으로 써내려간
미완의 비문

당신의 희생이
주홍글씨처럼 아로새겨진
살아 흔들리는 비목

이제는 손가락 깨물어
제 자신의 비문을 쓰는

원두막 세레나데

앞 못 보는 남편과 살아가는 어머니에게
여름은 너무 길었다
참외밭은 너무도 멀었다

흔들리는 원두막에서, 소년은
골짜기에 고여 있는 세월 자락에
어머니를 그리고
세상을 그리고
제 앞날을 그리고 있었다, 오직 어둠 하나로

들녘에 송아지 울음소리 그치고
부엉이 한참을 울어댄 뒤, 내 어머니
풀벌레 울음소리 파도처럼 가르며 왔다
별빛을 걷어차며 왔다
축지법을 쓰며 왔다
드디어 한 모퉁이 돌며, 막내야—

갑자기 골짜기가 환해졌고

밥은 아직 따스했다

내 어머니의 발등이 별빛에
앞산만큼이나 소복했다

도민증

우리네 부모님이 도민증으로 살던 시절이었다

하필이면 젖먹이 손도 빌린다는 농번기에
면사무소에서 엄니에게 도민증을 갱신하라는 호출이 왔다

농사일로 입에서 신내가 나는 엄니는
십리가 넘는 면사무소를 후딱 다녀올 심산으로
짠내 나는 몸뻬를 입은 채로
논길 신작로길을 내달렸다

한참 후 맥없이 돌아오신 엄니
도민증 갱신을 못하셨다 한다

도민증에 지장指章을 찍으려고 별짓을 다해 봐도
지문이 찍히지를 않더란다

손가락 끝에 있어야 할

내 엄니의 지문은 어디로 갔을까

내 엄니, 그 후로도 그렇게
지문 없이 살다 가셨다

파마머리

막내야, 엄마 파마 잘 나왔제?
— 엄닌, 그 머리가 뭐래여?
냄새를 잘 맡아 봐라. 고시고 달콤한 냄새가 나잖여?
— 고시고 달콤해라? 고약스런 냄새만 나는디……
이놈아, 엄니의 파마머리가 너희들에겐
휴전선 철조망보다도 더 든든한 거여
— 철조망보다 더 든든해라? 정신만 사나운디……
그래도 네 엄니의 파마머리 속을 자세히 들여다보면
처녀 적 폭포수 같던 생머리가 찰랑거려야
— 무슨 폭포수요? 탱자나무 울타리제……
이놈이…… 엄마들은 생머리만으로는 살 수가 없는 거여

꽃가마 타고 먼 길 떠나시던 날에
우리 엄니의 파마머리 다시
생머리가 되었다네

천적

고양이 앞에 쥐들
공손하게 고개 숙이지, 그저
고마울 뿐이지

곶감 얘기 나오는 밤
깊은 산 속의 호랑이
선선히 발길 돌리지, 역시
산골의 강자답지

아가리 쩍 벌린 세월 앞에
오금이 저리는 우리들
땅만 보며 살다가 구부러진 허리 마침내
칠성판 위에서 쭉— 펴지

어릴 적 내 어머니 늘 하시던 말씀
'호랭이 중에 호랭이는 지 새끼들이여'

그 새끼들 덕분에 우리 엄니, 지금도
지하에서 곤히 주무시나

망언

엄니의 젖내도 잊지 못한 채
중학교에 다니던 어느 가을날
산 넘고 물 건너 20여 리 길 내달려
날이 어둑해서야 집에 도착한 나는

오자마자 엄니의 흔적을 찾으려
집안 곳곳을 다 뒤졌으나
집안은 벼랑 위의 암자,
세상을 저주하는
아버지의 실루엣만 있는

한참 후
내 엄니 어둠을 뚫고 들어오는데,
"엄니는 뭐 하다 인제 오신대유?
남편도 자식도 생각 안 하고 뭐땜시 이때까지 일을 한대유?"

말없이 나를 바라보시던 어머니

컴컴한 부엌으로 들어가셨다……

뭘 위해 사는지 정작 알 수 없었던 사람은
우리 엄니였을 테지

그때 내뱉은 그 말
모퉁이 돌아서자 이내
통곡이 되었다

사생아

막내를 낳던 해에 앞을 못 보시게 된 아버지
돌아가시는 날까지 거시증拒視症을 앓으셨다

세상의 빛들이 다 사라진 것도 아닌데
아버지는 한 줄기 빛마저 거부하고
빛의 세상을 저주하고
자신의 주변에 온통 어둠의 씨앗을 뿌렸다

그 어둠의 줄기 밤낮으로 자라
내 어머니를 덮치고
자식들의 목을 조여 왔다
그들의 삶에 똬리를 틀었다

아버지는 그 어둠을 곧추세워
자신을 치시고
빛을 치시고
빛의 세상을 치셨다
스스로를 빛이라 말하는 모든 것을 치셨다

빛과 어둠의 사생아로 태어나
어둠을 더 사랑하신 아버지,
태풍의 눈처럼
그의 어둠 한가운데에도 가끔은
고요가 깃들었을까
어쩌다 꽃도 피었을까, 잠시

빛은 다시 어둠이므로

누이의 하늘마저 돌고

행상을 나가신 엄니
달포가 지나도 아무런 소식이 없고
학교를 중퇴한 누이는
까치발을 하고 거꾸로 서서
쌀독만 독독 긁어대다가

지난 가실에 엄니가
알찬 것들만 골라서
다락방에 꼭꼭 숨겨둔 씨나락, 내년 일 년 농사를
절구통에 탈탈 털어 넣었다

우리들은
어미닭 좇는 병아리들 모양
절구통 주변을 따라 빙빙 돌고

건넌방 앞 못 보시는 아버지
"애야, 저녁때 안 됐냐?"

절구질하는 누이의
하늘마저 돌고

선물

사느라고 못 왔노라며, 눈발이 거세던 날
시집간 누이가 찾아왔다

늘 허허벌판에 서 있어서
온몸이 시린 누이에게 모처럼
온천욕을 시켜주었다

목욕을 하고 나온 누이가 부득부득
사각 무늬 예쁜 유리잔 세트를 사들고 나왔다
그동안 고마웠다는 누이의 말에
염치없는 내 마음만 유리잔에 어른거렸다

그날 밤
시댁 식구들 탓하는 누이에게
그래도 그러면 못 쓴다, 모질게 나무란 뒤
동생 내외를 떠나보낸 후,
어둠이 내린 산 너머로
자동차 브레이크 소리

겨울 하늘 쩍— 갈라지는 소리
유리잔 깨지는 소리

하늘까지 솟구친 그날의 파편들, 지금도
내 몸 여기저기 푸르게
박혀 있다

돌아서면 모서리인 이 세상
누이의 선물을 끌어안고
깨지지 않으려 버둥거린다

들국화

첫서리 내린 날
오랜만에 누이의 산소를 찾아가는 길
멀리 산소 뒤편으로 들국화들 피어 있다

이 가을이 마침내
지하의 쓸쓸한 영혼들을 불러내서
산야 여기저기 뿌려놓았나

깊었던 원한들 떨치고
맑은 영혼으로 되살아난
정령들이 나들이를 나왔나

행여, 이승의 마지막 날
하얗게 몸부림치던
내 누이의 잔영殘影인가

누이를 떠나보낸 후
날마다 풍화되어 가는

내 형제들의 모습인가

불의 축제

셋째 형님이
이승에 올 때처럼 뜨겁게
자신의 한 생을 태워 하늘 길을 열던 날

자신의 새로운 삶을 위해
이승의 찌든 때 살뜰히 불사르고, 그의 영혼
곱게 분단장을 했다

알록달록했던 그의 삶이
한 줌 사리로 뽀얗게 승화될 때

축제의 조연인 우리들은
무대의 불꽃이 사라지기도 전에
각자에게 유예된 시간을 끌어안고
잠시 길을 떠나왔지만

머지않아 우리들도
더 뜨거운 불의 축제를 준비하여

주연이 되어 돌아가겠지

그날이 오면 간간이
폭죽들이 터지고 마침내
축제는 절정에 이르겠지

불의 축제는 그 후로도
뜨겁게 이어지겠지

때 이른 송별회

어느 날 저녁에 내 형님
뜬금없이 송별회를 열자고 했다
당신이 갈 곳도 정해지지 않았고
살던 집이 처분된 것도 아닌데
무작정 사람들을 불러 모았다

용왕님 생신날에
용궁에 물고기들이 드나들 듯
천 길 침묵 속
환송객들이 물결을 이뤘다

환송회장 정문에는 조등이
정월 대보름달처럼 떠 있고
'故 전00' 현수막은 솟대 되어 나부꼈다

송별회가 끝날 무렵에 내 형님
불쾌해진 얼굴로 답사 한 마디 했다
'다음에 환영회는 필요 없다' 고

송별회가 끝나고
환송객들이 썰물처럼 떠난 자리에
가족들만 영산홍처럼
붉게 피어 있었다

또 하나의 정류장

이승의 마지막 정류장에
새로운 세계로 떠나는 여행자들과
환송객들이 몰려든다

다들 행선지가 다른 듯
떠나는 모습들도 가지가지고
준비들 또한 다양하구나

혈압 떨어지는 소리
맥박 졸아드는 소리
숨결 잦아드는 소리
이승의 삶을 벗는 소리
잔잔한 뱃고동 소리 같은

마지막 순간
지상을 박차고 오르는 우주선처럼
큰 숨 한번 몰아쉬며
먼 여행길 떠나는구나

오늘 떠나면 그뿐
다음 일정은 아무도 몰라
그저 송별회만 뜨거울 뿐

우주선 하나 떠나간 사이
또 다른 정류장에는 먼 데서
여행객 하나 막 도착했다 한다

가고 오는 것은
하나라는 것

꽃보다 아름다워

철도 들기 전에 제 아버지를 멀리 보내고 시퍼런 마음으로 살아오던 조카 녀석이 아리따운 처자를 만나 결혼한 지 얼마 안 돼서 아들을 보았는데, 조카 내외가 자식 자랑에 팔불출이 다 되었다 형제 중 막내인 나는 이미 다른 조카들의 자식들을 너무도 많이 봐왔던 터라 그러려니 했는데…… 얼마 전 그 아들의 백일이라고 조카에게서 연락이 왔다

세상을 조금은 살아본 나는 어느 가수의 '사람이 꽃보다 아름다워' 라는 말을 한 번도 믿어본 적이 없었다 외려 그런 노래를 부르는 그 친구가 얄미웠다 우리들은 조용하고 깔끔한 중화요리 집으로 안내되었다 제 어머니와 형제들, 우리 집 식구 그리고 처가로는 장인, 장모와 하나뿐인 처남만을 초대한 자리였다 드디어 조카며느리가 그날의 주인공인 아들을 데리고 나타났는데…… 그 자리에서 그만 내 자신이 유행가 가수가 되었다 팔불출이 되는 내력을 알겠구나 했다 다음 날 형님의 무덤 앞에 가서 참으로 죄송하다 했다

제3부

경외

명태 생태 동태
운명의 변주

노가리 코다리 북어
생의 모노드라마

타인을 위한 변절은
무죄

인간을 위한 변신은
눈물

세상을 위한 환골탈태는
경외

오늘 우리
북해, 오호츠크 해, 동해를 향해 삼배
덕장을 바라보며 큰절을 올려야 한다

맥도널드 치킨

미국인들이 제 욕심껏 사육하고
아랍인들의 잰 손길로 요리하여
월남인들이 상냥하게 내놓은 맥도널드 치킨을
오스트리아 빈의 케른트너 거리에서
한국인인 내가 먹는데

맥도널드 치킨에 날개가 없다
날개 속에 뼈가 없다
날개 끝이 바람을 만날 때마다 반짝이던
영혼이 없다

나는 다만 맥도널드 치킨의
바수어진 날개와 흩어진 영혼으로
허기를 채운다

내 창자 깊은 곳
궁벽진 곳에서
치킨의 날개가 다시 돋는다

날개 속의 뼈들이 무럭무럭 자란다

내 창자가 아름답게 터지고
낯선 하늘이 열리는 날, 날개여
다시 한번 훨훨 날아오르기를

먼지, 홀연히 빛나다

햇살이 밝은 주말 오후
모처럼 창가에 있는 장식장 위를 닦다가
빛나는 먼지들을 보았다

저 먼지들도 한때는
다이아몬드보다도 단단한
어느 소중한 것의 분신이었다가
자신을 거룩하게 분해시켰을 거다

세상의 모든 것들은
분골쇄신한 먼지들의 탑
그들의 내공이 쌓인 것

나 또한 어느 먼지의 덕으로
오늘 이 자리에 꼿꼿하게 서 있는데
아직은 스스로의 어둠이 깊어
자신을 분해할 수도
한 줄기 빛을 내지도 못하지만

언젠가는 내 자신도 산산이 부서져
한 줌의 고운 먼지가 되면
어느 고귀한 것의 뼈대가 되겠지

다시
빛나는 먼지가 될 때까지

돌의 자화상

길가에 삐죽이 서 있는 돌을 보고
어설프다, 놀리지 마라
그 자세 이르기까지
자신을 몇 번이나 뒤척였겠느냐

온종일 하늘만 바라보는 돌에게
할 일도 없다, 빈정대지 마라
그렇게 하늘 한번 보기까지
땅만 보며 살아온 세월이 얼마였겠느냐

벼랑 끝에 매달린 돌을 보고
어리석다, 흉보지 마라
벼랑 끝에서도 그처럼
의연할 사람 몇이나 되겠느냐

강가에 누운 돌들을 보고
두루뭉술하다, 탓하지 마라
굴러온 순간순간 그 각진 날들을

그 무엇에 비길 수 있겠느냐

높은 산 거친 들 알몸으로 달려온
그 단단한 슬픔,
불굴의 자화상

롯데리아에서

햇볕 따스한 늦가을 오후
롯데리아의 넓은 창가에 앉아
갓 구워져 나온 햄버거를 집어 드니
초원의 싱그러움이 묻어난다

지그시 눈 감고 햄버거 한 조각 베어 무니
초원의 빛과 소리 입 안에 가득하다

초목들의 숨결이 느껴지고
가축들의 갈색 눈망울이 또렷하다
그들의 발버둥과 절규들이
아메리칸 레시피로 고소한 맛이 되었구나

햄버거 사이에 켜켜이 쌓인
가시지 않은 숨결과
덜 아문 핏빛과
아직도 끝나지 않은 그들의 여정을
잘근잘근 씹는다

노을진 유리창 너머로
벌거벗은 소떼들이 달려간다

새싹들의 순교

단양팔경 구경하고 돌아오는 남한강변
앞이 툭 트인 식당의 메뉴에
웬 '새싹비빔밥'

알록달록 새싹들 위로
고추장, 참기름 잔뜩 쏟아 붓고
어린 것들의 사지가 부러지도록 휘젓는다

한 줄기 따사로운 햇살과
시원한 소나기의 세례를 맛보기도 전에
우리네 오장육부를 위하여
새싹들이 요절한다

그들의 뭉개어진 육신과
그들의 바수어진 꿈에서
상큼한 향기가 난다

이른 봄 한낮

알 수 없는 믿음을 위한

새싹들의 순교

한겨울의 오르가즘

며칠 째 눈발이 날리고
천지가 시나브로 좁아지던 날
끕끕한 일상을 배낭에 짊어지고
광덕산 등줄기를 타고 올랐다

한 능선에 올라
꼬깃꼬깃한 일상들 바람에 날려 보내고
젖은 내 속도 햇볕에 말렸다

내려오는 길, 겨울 햇살의 섬에서
빵 한 조각으로 허기를 채우는데
어디선가 동고비 한 마리 나타나
외줄타기 명인처럼 재주를 부리다가
순식간에 빵 조각을 채간다

눈빛 가득 불안이 풀풀 날리더니, 어느새
영혼처럼 내 손 위에 내려앉아
두 발로 내 가슴 꼬옥 안는구나

동고비의 예쁜 부리가 내 성감대를 쪼았나,
한겨울 광덕산 중턱에서
온 마음이 아득하다

자결自決

오가는 사람들로 넘치는
도시 근처 등산길에
노송 한 그루 할복하였다
모든 뿌리들 하늘 향해 있다

누구는 말하기 좋게 '음지에서 일하며 양지를 지향한다' 고 하지만
'뿌리는 음지에서 일하고 더 깊은 음지를 향해야 한다' 는 것을
본능적으로 알고 있었으리라

뿌리가 하늘을 향하는 날
뿌리가 빛을 보는 날
자신의 하늘은 여지없이 무너진다는 것을
진작에 알고 있었으리라

밤낮 없이
제 살점들을 떨구어 발등을 감싸기도 하고

사지들을 꺾어 울타리도 치면서
인간들의 예리한 발길질로부터
제 뿌리들 지키려 몸부림쳤지만

이 여름
늘어나는 흙들의 이반離叛과
거세지는 뿌리들의 봉기를
막을 수는 없었으리라

뿌리가 마침내 하늘을 보았고
노송은 더 이상
하늘을 볼 면목이 없었겠지

거사를 막 치른
열사烈士처럼 누워 있다

옹알이

얼음장 아래 시냇물 소리
새싹 움트는 소리
천둥번개치는 소리
모두들 계절 따라 옹알이를 한다

가을 들녘에 서면
여기저기서 옹알이 소리 들린다
국화꽃 피어나는 소리
밤알 굵어지는 소리
하늘 높아가는 소리
눈 먼 이 눈 뜨는 소리

이 가을에 나도
때늦은 옹알이를 한다
땅도 하늘도 알아듣지 못하는
옹알이를 한다, 돌 갓 지난 젖먹이처럼

아직도

궁금한 게 많다는
희망이 남아 있다는
어딘가 비어 있다는 얘기

계절이 지나고
해가 바뀌어도
옹알이는 계속되리라

옹알이는
삶의 흥취興趣
세상을 지탱하는 비의秘義

초침에 대한 아날로그적인 생각

초침은
비탈에 매달려서도 잘 달리고
물구나무서서도 똑바로 간다

날씬한 초침이 틱, 톡
상큼한 걸음 내딛으면
이른 아침에 나팔꽃이 피어나고

긴 팔 휘저으며
허위허위 동네 한 바퀴 돌면
버들강아지 게슴츠레 눈을 뜨고
앞산에 진달래 붉어 간다

그가 마라톤 선수처럼
1,2,3,4…… 12 코너를 돌아
너른 들판 달리고 또 달리면
해와 달은 숨바꼭질하고
산과 바다는 널뛰기를 한다

잠이 없는 그 때문에
온 세상이 불면이고
내 삶도 그 앞에서는
물구나무를 설 수밖에

밤낮 없이
초침이 잠 못 드는 사연,
아는 이 누구실까

11월의 장미

된서리 하얗게 내린 11월의 아침
시골 초등학교 연록의 울타리에
빨간 장미 한 송이 피어 있다

지난여름 짙푸르던 격정 하나
폭풍우에 씻기어서
선홍빛이 되었나

우리네 젊은 날의 상처가
선선한 세월에 걸러져서
말갛게 아물었나

아니면
벌 나비도 찾지 않는 이 계절의
마지막 생리인가

오해

꽃들이 언제 교태를 부리더냐
괜시리 우리가
흉건한 눈으로 바라보았지

하늘이 언제 푸르고 싶다 하였느냐
우리들의 한숨이 깊어
시퍼렇게 되었지

대추리의 봄

평택시 팽성읍 대추리
하늘에서는 A-10기가 쇼를 하고

푸른 들판은 미제 쟁기로 갈아엎어
벼 대신 가라지가 판을 치고
해바라기 대신 철조망이 자랄 때

전투기 한쪽 날개에 봄이 반짝
긴 총구 끝에 노랑나비 한 마리

제4부

배꼽의 성城

대를 잇는 마침표
뜨거운 피 굵게 흐르다 순간 멈춘 자리
당찬 결별, 그리고 뜻밖의 독립

학교
병원
국회
시장바닥……
배꼽이 되지 못한 탯줄들이 널려 있다

그 탯줄들 모질게 잘라
깔끔한 배꼽을 만들어
세상 한가운데 우뚝 서게 하고 싶다

비 내리는 거리마다
배꼽의 성城을 쌓고 싶다

비상砒霜

잠은
수직으로 내린다
고단한 정수리에

오늘을 깔끔하게 포맷시키고
내일을 재부팅한다

내 영혼과 육신에 수평으로 흘러서
가사假死의 축복을 내린다

잠도 잠을 자다가 오는지
어쩌다 한 번씩 찾아온다

잠은
고단한 삶이 베푸는 은총
목숨을 이어주는 비상砒霜

이승의 끝 날에는

최상의 축복으로 내리겠지,

영원한 삶으로 이어지는

* 비상砒霜 : 비석(砒石)에 열을 가하여 승화시켜 추출하는 결정체. 거담제와 학질 치료제로 쓰였으나 독성 때문에 현재는 쓰이지 않는다.

바람의 둥지

제 날개에 힘이 솟으니
둥지 속이 가시밭이다

둥지를 박차 오르며, 허공에
폐허를 낳는다

초고속 비행으로
밀림 속으로
강과 산으로
밤과 낮으로
철조망 너머로, 떠나온 둥지를
수없이 부수며 간다

건너온 강
넘어온 산들이
그의 날개 끝에 대롱거린다

윤기 흐르던 날개 끝이 갈라지고

제 숨결이 스스로 하늘을 흐려
허공마저 절벽으로 다가올 때

지나온 길들과
흘러간 시간들을 엮어서
세월의 모퉁이에 척 걸쳐 본다

생의 난간에
바람의 둥지를 튼다,
또 하나의 폐허를

어떤 해후

한여름 태조산을 오르다가
길 옆 상수리나무 그늘 아래
지나온 길 끌어당겨 넓게 펼쳐놓고
오래된 바위 같은 내 몸을 뉘였는데

빼꼼한 나뭇잎 사이로
수묵화 같은 먹장구름 지나갈 때
길도 없는 허공을 달려와
내 정수리 한가운데에서 거침없이 부서지는
빗물!

느닷없는 해후
어지러운 일치

하늘과 땅 사이
통렬한 울림

찰나의 기쁨
벼락같은 결별

이정표도 없는

봉서산 등산길에
먹이 쪼아대는 참새들
소화불량 걸리겠다

도토리 한 알 양손에 든 다람쥐
휘번득이는 눈알 또르르
땅바닥에 구르겠다

이승에 살면서도 날마다
저승길 바라보는 사람들
신호등도 없는 길
앞다투어간다

염주알을 굴리며 간다
묵주알을 굴리며 간다
불안을 굴리며 간다

제 목숨 굴리며 간다
이정표도 없는 길

길

뉴질랜드 남섬
크라이스트처치에서 퀸즈랜드로 가는 길
일천이백여 리가 꼬불꼬불하다

아스팔트길이 민망하여
물의 길
바람의 길
햇살의 길을 피해서 가나 보다

사람의 길이 없던 시절에는
들꽃의 길
사슴의 길
새의 길들이
한층 더 반듯했으리라

보이지 않는 길들이
길 아닌 길들이
아름답게 얽혔으리라

어깨 걸고 춤추며 나아갔으리라

저마다의 삶이 곧
길이 되었으리라

미완의 탈출

오후 2시 40분
인천공항 탑승구 38
프라하 행 KLM 865,
사람들이 줄지어
지상의 삶을 내려놓는다

온몸으로
지상의 삶을 밀어내는 활주로
좌석벨트 전등이 꺼지고
순간속도 567 마일
고도 789 마일
300여 명의 목숨이 안개처럼 떠오를 때

은빛 날개는, 순간
허공을 날아가는 십자가

주련柱聯처럼 늘어진 지상의 탯줄은
이미 절반은 끊겨

은빛 날개는 우주 속으로
환하게 달아나려 하고

울란바토르의 저녁 불빛과
알프스 산골의 개 짖는 소리가
구름 속 영혼들과 힘겨루기를 하는데

기억 저편 지상의 추억들이
은빛 날개를 다시
활주로 위에 퍼덕이게 한다

인간보호구역

고사목이 허공을 툭, 툭 치받는 산마루에
사람들 우르르 몰려와
빛바랜 제 염치 한 자락씩 잘라내서
야생동물보호구역, 깃발 하나 내걸었다

산 속에 사는 목숨들 팔아
제 부끄러움 가리고 있다

날 선 욕심들이 그들의
팔다리를 서늘하게 잘라내고
가슴에 고운 십자수를 놓는다

야생동물보호구역 깃발 아래
사슴들 다리 절며 간다
다람쥐의 머리통에 붕대가 감겨 있다

머지않은 날에
사슴과 다람쥐들이 도회지의 한복판에

인간보호구역 깃발을 세우겠지

그날 사람들은
팔 다리에 깁스하고 다니겠지
도로마다 만장들이 펄럭이겠지

서로 마주보며
민망하겠지

상경上京

비마저 추적대는 주말 오후
경부고속도로 상행선 양지IC 근처
눈이 벌건 정충들이
오래된 자궁 속으로 머리를 디밀며 돌진한다

쭈글쭈글한 자궁 속 어느 후미진 골목에서
천행으로 탱탱한 난자 하나 만나
고관대작과 높은 빌딩들을 잉태하고
세종대왕과 신사임당도 많이 낳고 싶겠지

어쩌다 궁합이 맞지 않는 난자 만나면
언청이도 낳겠지
유산도 하겠지
내내 불임일 때도 있겠지

욕망으로 발기된 정충들 때로는
갱년기 지난 자궁 속에서
빈 하늘에다 대고 수음만 해대다가

사정 후의 거시기처럼 되어
양지 IC 지나 하향下鄕하기도 하겠지

분명
하향 길도 밀리겠지

십자고상

'기쁘다 구주 오셨네' 성탄전야 미사를 마치고
아파트 상가를 지나올 때
정육점 진열창에 십자고상들
정갈하게 걸려 있다

목이 없는 십자고상
갈비뼈 드러난 십자고상
팔다리 따로 노는 십자고상
내장이 터져버린 십자고상

목장에서 그들은 오늘의 영광을 위해 열심히 풀을 뜯었고 맛깔스런 근육을 위해 들판을 내달렸다 오늘의 향기를 위해 푸른 하늘과 청량한 이슬을 마셨고……

목장에서 도축장을 거쳐 정육점에 이르는 동안
길들마다 모퉁이였고
교차로는 날카로웠다

그들의 순명이 붉다

살면서 날마다 십자고상 만들면서
무슨 염치로 나는
자꾸 기도만 해대는가

* 십자고상 : 십자가에 못 박힌 예수의 수난을 새긴 형상

문상에 대한 예의

문상은 분명해야 한다

장례식은 만천하에
망자의 죽음을 다시 확인시키는 일
망자의 부재를 각인시키는 일
죽은 자와 산 자를 구분 짓는 일
그리하여 문상은 망자와의 관계를
깔끔하게 정리하는 일

한 번 절할 때 '이제 너를 잊겠노라'
두 번 절할 때 '반드시 잊겠노라'
세 번 절할 때 '완전히 잊겠노라' 해야 한다

유족들이 자신의 눈물로
망자의 육신을 지우고
이름을 지우고
과거를 지우고
앞날마저 지울 수 있도록 도와야 한다

문상은 어차피
서로를 잊자는 것
슬플수록 철저히 잊자는 것

예의를 갖춰 잊자는 것

광풍狂風

한참 전
어느 독재자가 죽었을 때나
야간통행금지가 풀렸을 때
자칭 우국지사들은
'조국의 하늘이 무너지고
세상은 개판이 될 것' 이라 했다

학교에서도
보충과 야자가 없어지면
아이들을 사랑하는 소위 교육자들은
'이 나라 교육이 여지없이 붕괴되고
아이들의 앞날은 동짓달 그믐밤이 될 것' 이라 한다

덕분에 오늘밤도
보충과 야자로 눈부신 교실마다
출구 없는 청춘은 광풍에 휘둘려
창백한 가슴으로 쓰러져 있다

그들의 들녘에는 강물이 흐르지 않고
하늘에는 별들도 뜨지 않는다

이제라도
보충과 야사를 불살라
쓰러진 청춘들의 길을 밝히고
가슴에 온기가 돌게 하자
그들도 사람이게 하자

이 밤
광풍은 잠들어야 한다

도로 위 십자가

미끈한 포장도로 위로 사랑을 실천하러 가는 길 사랑을 실천하고 오는 길 억겁의 인연으로 제 운명과 부딪친 들고양이 한 마리 제 속 드러낸 채 하늘 보고 누워 있다 고양이 머리통에 키스한 SUV의 DMB는 며칠 전에 방영된 '사랑의 리퀘스트'를 재방송하고 고양이 심장을 마사지한 리무진의 FM은 '사랑으로'를 연신 흘려보내고 있다 도로 옆 교회 지붕 위의 십자가는 의연하고 반듯하다 은빛이다 고양이의 피는 자꾸만 옆으로 흐르고 사람들의 시선은 지평선 끝에 머무는데 십자가는 변함없이 하늘만 쳐다본다 해질녘이 돼서야 십자가의 긴 그림자 교회에서 내려와 고양이 주위에 서성이고, 세상 구경을 다 마친 예수님의 토혈吐血인가 하늘에 걸린 십자가 얼굴을 붉힌다 고양이, 십자가를 향해 미소 짓는다

마법의 나라

평퍼짐한 하루의 끝 이래저래 짜증은 송곳처럼 솟아오르고
하늘은 오래된 초가지붕처럼 내려앉은 날

일복은 마당쇠에 못지않은데 수머니는 개털같이 가벼운 동료들 몇이 작당하여
먹장구름 같은 회포나 풀자며 사무실 옆 돌쇠네에서 쇠주 잔을 기울이는데

사기꾼이 남의 돈 제 입에 털어넣 듯 빈속에 쇠주 몇 잔 들어부으니 평소 색시 같던 신 선생이 조세피난처에 페이퍼컴퍼니를 세웠다는 전직 대통령 아들이니 회사 사장이니 하는 놈들을 싸잡아 잘근잘근 씹어대고, 뒷구녕에서 재벌 회장 놈들과 쎄쎄쎄하는 위정자들이 경제민주화를 얘기하는 것은 국민들을 우롱하는 개수작이라고 막내 김 선생이 핏대를 세운다 남북의 당국자들이 서로 제 똥고집만 부리는 꼴이 도토리 키재기라고 사회과 이 선생이 침을 튀긴다

술발이 약해 벌써 얼굴이 새빨개진 김 부장이 라스베이거스에 가서 입가심으로 맥주 한잔 더 하자 하니 누가 먼저랄 것도 없이 다들 일렬종대로 서서 씩씩하게 걸어갔다 일사불란하다 쇠주에 맥주가 뒤섞이니 분위기 삼삼하고 곧바로 오줌발 소리 요란하다

주량의 마지노선을 살짝 넘긴 내가 술도 깰겸 용궁 노래방 가서 노래 몇 곡 부르고 가자 했다 비몽사몽간에 잘난 여자, 남자는 배 여자는 항구, 일편단심 민들레, 연상의 여인…… 간드러지게 불러제끼는 사이 맥주가 다시 들어오고 나가고……

한 둘씩 눈이 풀려갈 무렵 간뎅이 부어오른 강 선생이 분위기 좋은 파라다이스에 가서 양주 작은 거 딱 하나만 까고 가자 한다 어떤 놈이 마시는 와인 한 병은 기백만 원 한다는데 우리는 싸구려 양주 한 병 못 마시냐고 삿대질을 해댔다 그 놈의 주둥이만 금테 둘렀느냐고…… 맞아, 맞

아, 옳은 얘기여 장단에 맞춰 다들 춤을 추듯 걸어갔다

남태평양 어느 유원지 같은 파라다이스에 들어간 건 알겠는데 그 다음은 기억이 없다 그저 별들이 반짝거리고 하마가 날아다니며 애벌레가 내왕인 나라였던 것 같다 모두가 홍콩 갔다 세상 일 다 잊게 해준 진정한 파라다이스

돌쇠네, 라스베이거스, 용궁, 파라다이스 그리고 홍콩을 하룻밤에 다 다녀올 수 있는 나라, 마법의 나라

그 마법 풀리면 돌아버리는 나라

과일가게 토론회

순돌이네 과일가게에서 토론회가 열렸다 주제는 '생긴대로 산다는 것' 이고, 사회는 장호원 출신으로 새치름하니 말 잘하는 백도 양이 맡았다

손님들 눈총받기도 피곤한데, 이렇게 토론회에 참여해주셔서 고마워요 먼저, 요즘 사람들을 보면 구별할 수 없을 정도로 생긴 게 비슷비슷해요 오늘 아침 가게에 나왔던 순돌이 엄마와 고모도 그렇잖아요? 둘은 분명 자매가 아닌데…… 그러면서도 둘이 하는 짓은 영 딴판이에요 이에 대해 먼저 한 마디 하실 분은…… 예, 거기 덩치가 남산만한 친구!

인사드리겄습니다 광주에서 온 무등산 수박이지라 겉은 푸르딩딩하고 속없이 등치만 크다 하는디, 제 쏙을 확 까고 보면 제 붉은 마음 잘 알겄지라 지금 보자닝께, 백도 양 징하게 딱해부러 이 나라가 무신 나라여? 자본주의 나라랑께 인저 으뜩히 생기느냐 하는 건 핏줄이나 팔자소관이 아니고 기술 문제랑께 기술이 좋으면 또 뭐혀, 돈이 없

으면 허당이제 그렇게 뭔 말인고 하면, 요즘은 돈 따라 생김새도 닮아부러

아, 그래서 우리 가게에 오는 손님들도 생긴 게 엇비슷하군요 듣고 보니 이해가 가네요 그럼 이번에는 요즘 TV 청문회에 나오는 사람들은 어떤지 얘기해 볼까요? 저쪽, 시도 때도 없이 온몸이 발그레한 친구, 안동 사과가 얘기해 보실까요?

내사 마 앉으나 서나 사과 하나는 잘하는 양반 동네 안동 사과 아니가 내 생각에는, TV청문회에 나오는 인간들은 일반인들과는 정반대인 듯합니더 다시 말하모, 그 인간들은 생긴 건 다 다른데 하는 짓은 다 똑같다 이말 아임니꺼 질문하는 의원나리들 보레이 하나 같이 말하길, 불려온 인간에게 앞뒤 없이 '니 도둑놈 맞제?' 하는데, 그러면 '하모' 하고 대답할 도둑놈이 어딨능교? 젖 도둑인 간난쟁이 아니고서야 또 불려온 놈들 보레이, 하나같이 라카칠을 쫙 했는지 너무 뻔뻔하다카이 그카고 꽈배기집 자식들

인지 우째 하나같이 배배 꼬는 깁니꺼 두 발로 걷는 짐승 중에 제일 꼴통들만 나오나 봐예 그러이 1 더하기 2를 물어도, 모른다 카고, 엊그제 지 처묵은 거 물어도, 기억이 없다 안합니꺼

얘기 들으니 정말 그런 것 같네요 어쨌거나 제 몸에 똥물을 뒤집어쓰고도 눈만 멀뚱거리는 사람들도 많은데, 제대로 사과할 줄 아는 안동 사과에게 존경을 표해요 이번에는 거기, 검은 콩알만 한 친구, 앞의 두 친구 얘기를 비판적으로 종합해서 말씀해 주실까요?

과일 친구들 반가워유 저는 요기 천안에서 온 입장포도여유 우선 두 친구들 얘기에 전적으로 공감혀유 그리고 '생긴 대로 산다는 것' 이라는 토론 주제에 대한 제 입장은 분명혀유 인간이나 과일이나 생긴 대로 살아가는 것은 참 어렵구두 중요허다구 생각혀유 결국은 지 근본대로 살아간다는 거지유 지 생겨먹은 꼬락서니도 모르고 나부대는 인간들보다 생긴 대로 노는 우리들이 훨씬 낫지유 우리 친

구들 봐유 지 나름의 모양, 색깔, 맛과 향으로 승부를 걸잖아유? 생긴 대로 산다는 것은 거룩한 일이지유 우쨌거나 지 입장은 그래유

입장 포도, 역시 생긴 대로 노네요 송이미디 지혜가 탱글탱글하군요 친구들, 토론회에 참가해 주셔서 고맙구요, 앞으로도 사람보다 못하다는 말 듣지 않도록 다 같이 노력해요 수고했어요

해설

쓰러진 자들을 위한 꿈

— 전해윤의 시

오홍진(문학평론가)

1. 마법의 나라에서

전해윤은 「침쟁이 아저씨」라는 제목의 작품에서 침 하나로 쓰러진 자들을 일으켜 세우는 침쟁이 아저씨의 삶을 이야기하고 있다. 이 시는 전해윤 시의 현재와 미래를 암시적으로 보여준다. 한 팔로 자동차를 끌었던 차력사 출신의 이 아저씨는 "스물여덟에 앉은뱅이 된 후/ 자신만은 한 번도 일으켜 세우지 못했다". 이제는 칠순이 다 된 침쟁이 아저씨는 수십 년 동안 갈고 닦은 침술로 쓰러진 자들을 일으켜 세운다. 수십 년을 "앉아서 살아온 힘으로" 펼치는 침술의 경지는 쓰러진 이들을 넘어 "자신의 삶에도 날카롭게/ 한 방 놓는" 상황으로 이어진다. 그에게 침(술)은 스물여덟 이후로 일으켜 세우지 못한 자신의 몸을 "반듯하게 세우"는 무기였다. 쓰러진 몸을 쓰러지지 않는 몸=정신으로 만드는 과정에는 이처럼 쓰러진 사람들을 향한 애틋한 사랑이 담겨 있다. 중요한 것은 그에게 타자를 향한 사랑은 곧 자신을 향한 사랑을 실천하는 일이었다는 사실이다. 타자의 피곤한 정수리에 꽂는 침과, 가난한 가슴에 꽂는 침은 바로 자신의 피곤한 정수리와, 가난한 가슴에 꽂는 침과 다르지 않았다. 타자들의 쓰러진 삶을 일으켜 세우는 동시에 자신의 쓰러진 삶을 일으켜 세우는 지난(至難)한 일을 침쟁이 아저씨는 수십 년 동안 여여(如如)하게 해온 셈이다.

전해윤의 시는 이러한 침쟁이 아저씨의 감성으로 세상을 바라본다. 그러므로 그의 시에는 무엇보다 스물여덟에 앉은뱅이가 된 자의 서글픈 한이 내재되어 있다. 거시증(拒視症)에 걸려 빛의 세계를 저주한 아버지와 지문이 사라질 정도로 쉴 새 없이 일을 한 어머니의 이야기가 이 시집의 2부를 수놓고 있거니와, 시인은 이러한 서글픈 가족사를 배경으로 특유의 시 세계를 구축하고 있다. 돌려 말하면 그의 시에는 가족사의 아픈 현실을 타자를 향한 침쟁이 아저씨의 드넓은 마음으로 극복하려는 시인의 의지가 뚜렷하게 나타난다. 침 하나로 한스러운 생을 넘어선 침쟁이 아저씨처럼, 시인은 시어를 통해 가슴속에 맺힌 한들을 계속해서 내뱉는다. 요컨대 그에게 시는 침쟁이 아저씨의 침만큼이나 자신을 반듯하게 세우는 무기로 표출된다. 중증(重症)에 걸려 이정표를 상실한 사회에서 시인으로 산다는 것은 무엇을 의미할까? 전해윤 시의 미학은 바로 이 질문에 걸려 있거니와, 그는 인간이라면 반드시 걸어가야 할 삶의 윤리를 미학적으로 표출하는 데 시안(詩眼)을 집중하고 있다고 보면 좋을 것이다.

> 외아들 내외는 신작에 바다 건너가고
> 작년에 할머니마저 하늘나라로 보낸 정씨 할아버지
> 대낮부터 마을회관을 지킨다
>
> 온종일 붕붕거리는 케이블 TV에서는
> 손자 손녀 또래의 아이들이 반은 벗은 채로
> 얄궂은 짓들만 하는데, 갑자기
>
> 서울 도심에서 가깝고 푸른 호수와 넓은 공원이 있는 아파트에 산다는 젊디젊은 처자가 나오고, 그러다가
>
> 사업하다 망한 듯한 아저씨가 컴퓨터 자판을 탁, 치자마자
> 개 혓바닥 같은 돈다발이 툭, 하고 발밑에 떨어지고, 그러다 또 갑자기

나이가 많아도 병든 적이 있어도 주저 없이 다 받아주겠다는
중후한 남자의 다정한 얘기를 다 듣고 나더니 정씨 할아버지
자리를 고쳐 앉으며
"시방 저그가 어디여?"

—「시방 저그가 어디여?」 전문

작년에 할머니를 하늘나라로 보낸 정씨 할아버지가 있다. 외아들 내외도 진작 바다 건너로 가버렸으니, 할아버지는 대낮부터 아무도 없는 마을회관을 지키고 있다. 할 일이 없다. 온종일 틀어 논 TV 시청만이 유일한 소일거린데, TV에 나오는 장면들이 영 딴 세상인 것만 같다. 반은 벗은 채로 얄궂은 짓들을 벌이는 손자 손녀 또래의 아이들이야 그냥 그러려니 하는데, 푸른 호수와 넓은 공원이 있는 아파트 광고가 나오면서 할아버지의 입이 조금씩 벌어지기 시작한다. 사업하다 망한 듯한 아저씨가 컴퓨터 자판을 치자마자 돈다발이 툭, 그의 발밑에 떨어진다. 할아버지의 입이 더 벌어진다. 나이가 들어도 병이 있어도 주저 없이 받아주겠다는 중후한 남자의 이야기에 이르자 할아버지는 자리를 고쳐 앉는다. 자기가 그토록 원하던 세상이 아닌가. 푸른 호숫가의 아파트, 말만 하면 쏟아지는 돈다발, 나이와 병의 유무를 묻지 않고 돌봐주는 세상이라니! "시방 저그가 어디여?"라고 할

아버지는 스스로에게 묻는다. 어디에도 없다고 생각한 세상이 TV 속에서 찬란하게 펼쳐지고 있다. 어떻게 하면 저기로 갈 수 있을까? 아니, 저기로 가면 TV에서 말하는 것과 똑같은 세상을 만날 수 있는 것일까?

자본주의는 빛의 스펙터클을 통해 사람들의 감성을 자극한다. 대중매체의 이미지로 표출되는 스펙터클의 세계는 사람들로 하여금 이미지에 갇힌 삶을 실제의 삶으로 착각하게 만든다. 아무데도 없지만, 어디에나 있는 이미지의 세계는 "마법의 나라"(「마법의 나라」)와 흡사하다. 마법이 풀리면 사람들은 진실을 보게 된다. 하지만 진실과 마주할 경우 그들이 꿈꾸던 유토피아 또한 사라져버린다. 마법의 나라는 마법을 믿어야 살 수 있는 사람들이 만든 세계이다. "쇠주잔을 기울"(같은 시)여야만 들어갈 수 있는 마법의 나라는, "그 마법 풀리면 돌아버리는 나라"에 드러나는 대로, 제 정신으로는 살기 힘든 세상의 풍경을 암묵적으로 전제하고 있다. 「보호자가 필요해」를 참조한다면, 마법의 나라는 중병에 걸린 사회를 의미한다. 자동차에 받혀 머리에 피가 흐르는 아이를 보고도 병원에서는 보호자를 먼저 찾는다. 치료를 하기 이전에 누가 돈을 낼 것인지 병원은 먼저 확인한다. 시인은 이 시의 결구에서 "중증重症인 이 사회/ 입원시킬 곳은 어디인가/ 그의 보호자는 누구인가"라고 묻고 있다. 돈을 낼 "그들만의 보호자를" 눈을 부릅뜨고 찾는 병원의 행태는 자본의 논리에 물든 우리 사회의 모습을 전형적으로 보여준다고 하겠다.

정씨 할아버지가 "저그"라고 말한 곳은 바로 자본의 논리에 철저하게 종속된 세계를 가리킨다. 이미지로 포장된 그 세계의 이면에는 자본의 논리에 포섭되지 않은 수많은 잉여들이 존재한다. 그들은 소주잔을 기울이며 세상을 한탄하다가는 이내 마법에 빠져 그 세상을 잊어버린다. 마법이 풀리면 묵직한 머리의 아픔을 견디며 그들은 돈을 벌기 위해 일터로 나간다. 마법에 걸리지 않는다면 이들은 어떻게 살 수 있을까? "가난의 카타콤베/ 이념의 카타콤베/ 애증의 카타콤베……"(「카타콤베」)의 어디쯤을 우리는 지나고 있는 거라고 시인은 이야기한다. 종교적 박해를 당해 동굴로 숨어든 초기 기독교인들의 지하묘지인 카타콤베가 바로 지금 우리가 살고 이 세상이라는 것을 시인은 그 무엇보다 강조하고 있는 셈이다.

「라파엘의 집」에 나오는 "빛이 원망스런 아이들" 역시 자본주의의 화려한 스펙터클의 이면에 감추어진 소외의 문제를 에둘러 표현하고 있다. "그들 몫의 빛은 어디로 갔을까"라고 시인은 안타까운 목소리로 묻고 있다. 치유의 천사, 장애인의 수호천사로 알려져 있는 라파엘의 집에서 아이들은 곁에 없는 누군가를 그리워하며 들풀처럼 자라고 있다. 많은 아이들이 그곳을 거쳐 갔고, 많은 사람들이 그곳을 찾아와 "내 안과 밖의 모든 빛"을 사르고 사라졌다. 아이들은 끊임없이 누군가의 품에 안기려고 한다. 어미의 정을 알지 못하고 자란 이 아이들에게 많은 사람들이 빛이 되어주었지만, "찬란한 어둠"이라는 시구가 암시하는 바 그대로, 아이들의 마음속에는 여전히 크나큰 어둠이 자리하고 있다. 어둠에 갇혀 빛의 세계를 원망하는 이 아이들을 어떻게 해야 할 것인가? 한편으로 TV 속의 이미지에 현혹되어 자신의 실제적인 삶을 망각하는 사람들을 어떻게 하면 그 이미지의 바깥으로 끌어낼 수 있을 것인가? 「대추리의 봄」에서 시인은 "긴 총구 끝에 노랑나비 한 마리"를 이야기한다. 긴 총구와 노랑나비의 부조화를 새로운 조화로 이끌어내려는 역설에 주목하려는 것일까? 그렇다면 시대의 어둠에 갇혀 있는 새로운 빛은 그의 시에서 어떻게 펼쳐지고 있는 것일까?

2. 한없이 가벼운 삶의 무게, 그 역설

「번지점프」에서 시인은 "추락하는 것은 한없이 가벼웠다"는 시적 진술을 표나게 내세우고 있다. 추락하는 것이 가벼워지기 위해서는 무엇보다 중력의 힘을 견딜 수 있어야 한다. 중력이 지구상의 모든 생명체를 지배하는 법칙이라고 한다면, 추락하는 것의 가벼움은 결국 그 중력의 법칙으로

부터 벗어나려는 의지의 표상으로 읽힐 수 있다. 하지만 굳세게 마음을 먹는다고 해서 그 일이 이루어질 리는 없다. 물리적으로 불가능한 일이기 때문이다. 시인이 번지점프라는 사건에 주목하는 이유는 여기에 있다. "세상은 암전暗轉"이라는 시구에 나타나거니와, 번지점프는 추락하는 자의 의식이 일순간 암전되는 상황을 내포하고 있다. 63m의 점프대에서 자신의 몸을 "폐품처럼" 내려놓는 순간 추락하는 자는 한없이 가벼워지는 몸을 체감한다. 몸과 정신이 하나가 되는 순간의 희열은 상징계의 중력에 갇힌 주체를 상징계 바깥의 실재와 찰나적으로 조우하게 만든다. 물론 그것은 "잘리지 못한 탯줄처럼/ 몸에 달랑거리는 로프"에 기대어 펼쳐지는 일이라는 점에서 그 실재와 하나가 되는 건 전혀 불가능하다고 할 수 있다. "한참 후, 다시 로프의 끝에서 느껴지는/ 삶의 무게"는 상징계의 내부에서 실재라는 외부를 끊임없이 엿보는 시적 주체의 현실적 한계를 분명하게 표현한다.

요컨대 시인에게 이 세계는 한없이 무거운 몸과 한없이 가벼운 몸의 사이를 끝없이 왕래하는 역설의 세계로 나타난다. 이를테면 비극적 가족사를 고백하고 있는 「사생아」에서 시인은 중력의 법칙에 종속된 존재의 삶을 한없이 무거운 마음으로 묘사한다. 거시증(拒視症)에 걸린 아버지는 빛의 세상을 저주하고 어둠을 더 사랑하는 삶을 살았다. 아버지가 뿌린 어둠의 씨앗은 "그 어둠의 줄기 밤낮으로 자라/ 내 어머니를 덮치고/ 자식들의 목을 조여왔다/ 그들의 삶에 똬리를 틀었다". 아버지의 삶을 비극으로 물들게 하고, 가족들의 삶마저도 구렁 속에 빠뜨린 이 어둠의 정체는 과연 무엇일까? 거시증(拒視症)이란 말이 의미하는 대로, 아버지는 빛의 세계를 구성하는 모든 사물들을 거부해버렸다. 보이지 않는 것을 인정하지 않는 세상을 향해 그는 보이는 것을 부정하는 극단적인 행위로 맞섰다. 아버지의 어둠 속에는 빛의 세계에 대한 거부와 동시에 빛의 세계를 향한 뜨거운 열망이 가로놓여 있었던 셈이다.

어둠의 세계에도, 그렇다고 빛의 세계에도 안주하지 못한 이 "빛과 어둠의 사생아"는 결국 자신을 향해 어둠의 칼을 빼들었다. 그리하여 그 칼로 아버지는 "자신을 치시고/ 빛을 치시고/ 빛의 세상을 치셨다/ 스스로 빛이라 말하는 모든 것을 치셨다". 시인은 "그의 어둠 한가운데에도 가끔은/ 고요가 깃들었을까/ 어쩌다 꽃도 피었을까"라고 묻고 있다. "빛은 다시 어둠이므로" 아버지의 어둠은 빛의 속성을 역설적으로 간직하고 있다. 어둠 속으로 침잠하는 길이 아버지에게는 빛의 세계로 나아가는 유일한 길이었던 것이다.

길가에 삐죽이 서 있는 돌을 보고
어설프다, 놀리지 마라

그 자세 이르기까지
자신을 몇 번이나 뒤척였겠느냐

온종일 하늘만 바라보는 돌에게
할 일도 없다, 빈정대지 마라
그렇게 하늘 한번 보기까지
땅만 보며 살아온 세월이 얼마였겠느냐

벼랑 끝에 매달린 돌을 보고
어리석다, 흉보지 마라
벼랑 끝에서도 그처럼
의연할 사람 몇이나 되겠느냐

강가에 누운 돌들을 보고
두루뭉술하다, 탓하지 마라
굴러온 순간순간 그 각진 날들을
그 무엇에 비길 수 있겠느냐

높은 산 거친 들 알몸으로 달려온
그 단단한 슬픔,
불굴의 자화상

—「돌의 자화상」 전문

길가에 삐죽이 서 있는 돌 하나에도 그 무엇과도 비길 수 없는 삶이 내재되어 있다. 누군가는 돌의 이러한 모습을 보며 어설프다고, 어리석다고 빈정대지만, 그것은 돌의 삶을 살지 않은 존재의 편견일 뿐이다. 돌에게는 돌로서의 고유한 삶이 있다. 길가에 삐죽이 서 있는 게 돌의 삶이듯이, 벼랑 끝에 매달려 위태롭게 삶을 영위하는 것 또한 돌의 삶이라고 말할 수 있다. 돌의 현상에 집착하는 사람들은 알기 힘든 본질이 그 현상 너머에서는 항상 빛나고 있다. 시인은 저마다의 존재들의 삶에 내재된 빛을 "단단한 슬픔,/ 불굴의 자화상"이라고 표현한다. 손가락의 지문이 사라질 정도로 힘겨운 삶을 살았던 어머니처럼 아버지의 삶 구석구석에도 이러한 슬픔이 스며들어 있다. 당신은 왜 그렇게 살았느냐고 비난하는 건 쉽다. 보이는 삶을 통해 보이지 않는 삶마저도 재단할 경우, 「망언」에서 표현되는 것처럼, "엄니는 뭐하다 인제 오신대유?/ 남편도 자식도 생각 안 하고 뭐땜시 이때까지 일을 한대유?"와 같은 망언이 아무렇지 않게 내뱉어질 수 있다. 일을 하다 밤늦게 돌아온 어머니는 말없이 '나'를 바라보시다 컴컴한 부엌으로 들어간다. 이러한 상황에서 어미가 아이에게 무슨 말을 하겠는가.

"뭘 위해 사는지 정작 알 수 없는 사람은/ 우리 엄니였을 테지"에 암시되듯, 어미의 마음은 어미의 나이가 되어서야 비로소 알 수 있다. 세상을 저주하는 아버지와 20여 리 길을 통학하는 중학교 아이를 내버려두고 밤늦도록 일을 해야 하는 어미의 "단단한 슬픔" 앞에서 성인이 된 주체는 말을 잇지 못한다. 그것을 시간의 힘이라고 말하면 어떨까. 어미의 어미 이전부터 내려온 생의 역사는 이렇게 시간의 힘을 빌려 다음 세대로 이어진다. 「또 하나의 정류장」을 참조한다면, 이러한 시간의 힘은 "가고 오는 것은/ 하나라는 것"의 이치와 긴밀하게 결부되어 있다. 이승이 있으면 저승이 있다. 태어나는 존재가 있으면 죽는 존재도 있다는 말이다. 돌려 말하면 삶은 죽음이 있기에 지속적으로 영위되는 것이다. 가고 오는 것이 하나라는 시적 맥락은 정확히 이 지점에 걸려 있는바, 시인이 가족사의 비극을 시의 세계로 불러낸 것 또한 삶과 죽음의 이러한 맥락—역설 속에서 이해되어야 할 것이다.

「선물」은 시집 간 누이의 죽음을 다루고 있다. "사느라고 못 왔노라며, 눈발이 거세던 날" 시집 간 누이가 시인을 찾아왔다. 늘 허허벌판에 서 있어서 몸이 시린 누이에게 시인은 온천욕을 시켜주었다. 사각무늬의 유리잔 세트를 선물하며 누이는 "그동안 고마웠다는" 말을 시인에게 전한다. 오누이 사이를 관통한 마음의 아늑한 물결은 그러나 "어둠이 내린 산 너머로/ 자동차 브레이크 소리/ 겨울 하늘 쩍— 갈라지는 소리/ 유리잔 깨지는 소리"와 더불어 깨져 버렸다.

하늘까지 솟구친 그날의 파편들은 지금도 시인의 몸 이곳저곳에 박혀 있다. 가장 고마웠던 순간에 펼쳐진 죽음의 풍경은 삶과 죽음이 그만큼 가까운 거리에 있음을 암시한다. 이제는 유리잔으로 남은 누이의 흔적은 "누이의 선물을 끌어안고/ 깨지지 않으려 버둥거" 리는 시인의 삶에 새겨져 있다. 누이는 죽었지만, 기억이라는 이름으로 그 흔적은 시인의 가슴에 남아 있다.

불의 축제처럼 뜨겁게 자신의 한 생을 태우고 하늘 길로 떠난 셋째 형님(「불의 축제」)과 기시증을 앓은 아버지, 그리고 지문이 사라진 어머니 또한 그들 나름의 선물을 남기고 시인의 곁을 떠나갔다. 그들이 떠나갈 때마다 시인은 한없이 무거운 생의 무게를 느꼈다. 유리잔이 깨지는 그 끔찍한 소리에 질려 끝이 없는 세계로 묵묵히 침잠하기도 했다. 삶과 죽음을 분명하게 가르는 자에게는 죽어서도 남아 있는 타자의 흔적이 보이지 않는다. 시인은 "불의 축제는 그 후로도/ 뜨겁게 이어지겠지" 라는 진술로 「불의 축제」의 결구를 장식한다. 살아있는 생명은 무엇이나 자신의 한 생을 태우고 하늘 길을 여는 날이 있다. 그것은 거부한다고 해서 거부할 수 있는 것이 아니다. 어미와 아비가 그랬고, 셋째 형님이 그랬으며, 누이도 그랬다. 시인도 그 길을 따라갈 것이다. 죽은 자들이 걸어간 길을 산 자들은 그대로 따라간다. 그것이 삶의 길이라면, 삶의 길은 곧 죽음의 길을 따라가는 것과 다르지 않은 것이 된다. 누이는 어떻게 보면 이러한 삶과 죽음의 역설을 시인에게 선물로 남기고 떠났는지도 모른다. 죽음은 삶의 이면이라는 것을, 그리하여 가고 오는 것은 하나라는 것을 누이는 자신의 죽음으로 입증한다. 저기에 누이가 있다. 그녀는 과연 죽은 것일까? 혹 저기에 있는 사람은 바로 누이를 보는 나, 시인은 아닐까?

3. 애도의 윤리

죽음이 삶의 또 다른 이면이 되려면, 죽은 자에 대한 애도가 철저하게 이루어져야 한다. 애도는 무엇보다 죽은 자들을 위한 의식이지만, 한편으로 살아남은 자들을 위한 의식이기도 하다. 요컨대 산 자는 살기 위해 죽은 자를 애도한다. 죽은 자를 잃은 슬픔에서 헤어나오지 못하면 살아남은 자의 삶은 불가능하기 때문이다. 애도의 윤리는 따라서 죽은 자를 향한 윤리에 한정되지 않는다. 죽은 자를 넘어 산 자를 위한 윤리로 변주될 때 애도는 새로운 생을 낳는 신성한 의식으로 현실화된다.

문상은 분명해야 한다

장례식은 만천하에
망자의 죽음을 다시 확인시키는 일
망자의 부재를 각인시키는 일
죽은 자와 산 자를 구분 짓는 일
그리하여 문상은 망자와의 관계를
깔끔하게 정리하는 일

한 번 절할 때 '이제 너를 잊겠노라'
두 번 절할 때 '반드시 잊겠노라'
세 번 절할 때 '완전히 잊겠노라' 해야 한다

유족들이 자신의 눈물로
망자의 육신을 지우고
이름을 지우고
과거를 지우고
앞날마저 지울 수 있도록 도와야 한다

문상은 어차피
서로를 잊자는 것
슬플수록 철저히 잊자는 것

예의를 갖춰 잊자는 것

—「문상에 대한 예의」 전문

"장례식은 만천하에/ 망자의 죽음을 다시 확인시키는 일"이라고 시인은 선언한다. 망자의 죽음을 산 자들의 뇌리에 각인시키는 의식이 장례식이라는 것이다. 정확히 말하면 장례식을 통해 산 자와 죽은 자는 뚜렷한 경계를 짓게 된다. 죽은 자는 죽은 자의 길을 가야하고, 산 자는 산 자의 길에 머물러야 한다. 죽은 자와 산 자의 길이 구분되지 않을 경우, 생명들의 세상은 더 이상 존재할 수 없게 된다. 그리하여 문상을 하는 자는 슬플수록 더욱 철저하게 죽은 자를 잊어야 하는 역설적 상황에 직면한다. 죽은 자를 철저하게 잊는 게 죽은 자를 향한 예의라는 것을 시인은 위 시를 통해 분명히 이야기한다. "예의를 갖춰 잊자는 것"이라는 이 시의 결구에 나타나는바, 시인은 애도의 윤리를 산 자와 죽은 자의 뚜렷한 분별의식으로부터 이끌어낸다. 죽음의 의식은 이러한 윤리를 경유하여 삶의 의식으로 전환된다. 죽은 자를 기억하기 위한 것이 아니라 죽은 자를 잊기 위해 장례식을 치른다는 이 역설적 상황을 우리는 어떻게 이해해야 할까?

시인은 죽은 자에 대한 예의를 말하고 있다. 죽은 자를 잊는 게 죽은 자를 향한 예의라는 걸 밝힘으로써 시인은 비극적으로 점철된 가족사로부터 벗어날 수 있는 길을 찾는다. 그들은 저마다의 삶에 부여된 저마다의 길을 각자의 방식으로 걸어갔다. 거시증에 걸린 아버지가 빛의 세계를 거부하는 길을 걸어갔다면, 어머니는 어머니대로 손가락의 지문이 닳을 정도로 힘겨운 인생의 길을 스스로 걸어갔다. 누이라고, 셋째 형님이라고 그 길이 다를 바는 없다. 그들은 "저마다의 삶이 곧/ 길이 되"(「길」)는 삶을 살았고, 그 삶의 흔적으로 하여 시인의 가슴 속에 남게 되었다. 문제는 그들이 걸어간 저마다의 길을 가슴에 품는다고 해서 시인의 길이 자동적으로 밝혀지는 것은 아니라는 점에 있다. 그들이 걸어산 길의 이면에서 시인은 자신이 걸어가야 할 길을 사유한다. 정확히 말하면 그가 가야 할 길은 그들이 이미 지나쳐 간 길이며, 한편으로 그들 이전의 누군가에 의해 닦여진 길이라고 말할 수 있다. 요컨대 새로운 길은 누군가가 지난 길이기에 새로운 길이 될 수 있다. 길의 역설적 순리는 바로 이 지점에서 생성되거니와, 전해윤은 죽은 자에 대한 예의를 지킴으로써 자신에게 주어진 역설적 순리의 길을 걸어가려고 하는 것이다.

주목할 점은 죽은 자들을 철저하게 잊어야만 "보이지 않는 길들이/ 길 아닌 길들이"(「길」) 보이기 시작한다는 것을 시인이 애써 강조하고 있는 대목이다. 시인의 말마따나, 사람의 길이 따로 없던 시절에는 들꽃의 길이 있었고, 사슴의 길이 있었고, 새의 길이 있었다. 이제는 사람의 길에 묻혀버린 이 생명의 길을 시인은 죽은 자와 더불어 걸어가려고 한다. 죽은 자는 여기서 사람의 길이 없던 시절의 흔적을 기억하고 있는 존재로 그 의미가 확장된다. 언뜻 혼란스럽게 보이는 이러한 인식체계는 죽음의 너머에서 새로운 생을 이끌어내려는 시인의 의도를 에둘러 보여준다. 이정표가 없는 길에서 길을 찾으려면 사람의 길이 없던 시절의 기억을 떠올려야 한다. 그것을 원초적 기억이라고 표현해도 좋겠다. 숱한 죽음들을 겪으며 시인이 이른 애도의 길은 이렇게 "물의 길/ 바람의 길/ 햇살의 길"을 기억하는 원초적 생명들을 경유하여 다시 이 세계와 이어진다. 그러니까 죽음이 넘쳐나는 이 세계에도 여전히 생명의 길은 남아 있다고 할 수 있다. 사람이 걷는 길을 만들기 위해 수많은 생명들이, 그리고 그 생명들이 낸 수많은 길들이 사라졌다. 「인간보호구역」에 표현되는 대로, "산 속에 사는 목숨들 팔아/ 제 부끄러움 가리기 위해" 인간은 야생동물보호구역을 만들었다. 생명에 대한 예의가 없는 이들이 죽은 이에게 예의를 갖추려고 하지는 않을 것이다. 타자의 길을 제거하고 거기에 자신의 길을 뚫어버린 인간의 오만함은 지금 이 순간, 자연의 습격이라는 이름으로 그 대가를 톡톡히 치르고 있다. 타자의 길을 없앰으로써 인간은 과연 무엇을 잃은 것일까? 시인은 「옹알이」에서 인간의 귀로는 들을 수 없는 소리의 비의(秘義)를 말하고 있다.

얼음장 아래 시냇물 소리
새싹 움트는 소리
천둥번개 치는 소리
모두들 계절 따라 옹알이를 한다

가을 들녘에 서면
여기저기서 옹알이 소리 들린다
국화꽃 피어나는 소리
밤알 굵어지는 소리
하늘 높아가는 소리
눈 먼 이 눈 뜨는 소리

이 가을에 나도
때늦은 옹알이를 한다
땅도 하늘도 알아듣지 못하는
옹알이를 한다, 돌 갓 지난 젖먹이처럼

아직도
궁금한 게 많다는
희망이 남아 있다는
어딘가 비어 있다는 얘기

계절이 지나고
해가 바뀌어도
옹알이는 계속되리라

옹알이는
삶의 흥취興趣
세상을 지탱하는 비의秘義

―「옹알이」 전문

옹알이는 언어 이전의 소리이다. '언어 이전' 이라는 말에 주목하자. 언어가 인간문명의 토대라는 건 익히 알려진 사실인바, 시인은 언어 이전의 소리에 주목함으로써 인간의 눈으로는 볼 수 없는 세계로 다가가려고 한다. 얼음장 아래로부터 시냇물 소리가 들려온다. 새싹이 움을 트는 소리가 들려오는가 하면, 요란하게 세상을 치는 천둥번개 소리가 듣는 이의 몸에 전율을 불러일으키기도 한다. 저마다의 사물들이 펼쳐내는 저마다의 소리가 모여 수많은 생명들의 인드라망을 구성한다. 시인의 말을 따른다면, "모두들 계절 따라 옹알이를 한다". 중요한 것은 이러한 옹알이가 언어 이전의 상태에서만 가능하다는 점에 있다. "국화꽃 피어나는 소리/ 밤알 굵어지는 소리/ 하늘 높아가는 소리"는 돌 갓 지난 젖먹이 아이의 상태가 되어야 비로소 들을 수 있다. 젖먹이 상태가 언어 이전의 상태를 의미한다는 것을 굳이 강조할 필요는 없을 것이다.

시간의 흐름을 역행함으로써 문명의 주체는 "세상을 지탱하는 비의秘義"에 한 걸음 더 가까이 간다. "이 가을 나도/ 때늦은 옹알이를 한다"고 시인은 이야기한다. 때늦은 옹알이는 생명의 비의로 들어가는 최초의 문이 된다. '최초'라고 했지만 '최후'라는 말로 바꿔도 상관없다. 문명의 세계에서는 결코 용납될 수 없는 옹알이—비이성의 실재를 시의 세계로 불러냄으로써 시인은 문명의 바깥으로 나아갈 수 있는 힘을 얻는다. 생명이 생명으로 인정받지 못하고, 죽음이 죽음으로 인정받지 못하는 사회에서 시인은 그 누구도 피해갈 수 없는 최초의 언어—옹알이를 새로운 삶의 비의로 제시하고 있다. 가장 깊은 곳으로 내려가는 작업은 자기 내면의 타자를 발견하는 일과 다르지 않다. 어느 순간 자신도 모르게 외면한 타자의 흔적에 다시 주목함으로써 시인은 "때늦은 옹알이"를 가상의 이미지가 판치는 이 세계에서 시작하고 있는 셈이다.

「어떤 해후」를 참조한다면, 삶의 비의와의 해후는 "내 정수리 한가운데에서 거침없이 부서지는/ 빗물!"처럼 느닷없이 이루어진다. 누구나 그런 상황에 직면할 수 있지만, 아무나 그런 해후를 직관하지는 못한다. "하늘과 땅 사이/ 통렬한 울림"은 옹알이의 상태에 있는 존재에게만 말 그대로

'느닷없이' 다가오기 때문이다. "찰나의 기쁨/ 벼락같은 결별"이라는 이 시의 결구는 바로 "느닷없는 해후"의 특성을 분명히 보여주고 있는바, 전해윤의 시는 무엇보다 이러한 해후의 순간을 향해 끊임없이 제 몸을 열어놓은 옹알이들의 세계에 그 토대를 두고 있다고 보면 좋을 것이다. 옹알이들의 눈으로 바라보는 이 세계는 문명의 마법으로 뒤덮여 있다. 수많은 생명들이 그 마법의 나라에서 제 모습을 잃고 살아간다. 가족사의 비극을 거쳐 마법의 나라에 이른 시인의 옹알이는 이렇게 본다면, 계절이 지나고 해가 바뀌어도 계속될 수밖에 없는 지속성을 지니고 있다. 옹알이를 한다는 것은 시인의 말마따나 "아직도/ 궁금한 게 많다는/ 희망이 남아 있다는/ 어딘가 비어 있다는 얘기"(「옹알이」)이기 때문이다. 전해윤은 지금도 그 궁금한 것을, 달리 말하면 여전히 비어있는 희망을 옹알이의 언어로 표현하려고 한다. 아기가 되지 않으면 표현할 수 없는 이 언어가 쓰러진 자들의 꿈에 여전히 희망을 불어넣는 단서가 된다는 점은 재삼 강조되어야 할 것이다.